Todos los libros de Linkgua Ediciones cuentan con modelos de Inteligencia Artificial entrenados por hispanistas. Pregúntale al chat de tu libro lo que desees acerca de la obra o su autor/a.

Para ebooks: Accede a nuestro modelo de IA a través de este enlace.

Para libros impresos: Escanea el código QR de la portada con tu dispositivo móvil.

Obtén análisis detallados de nuestros libros, resúmenes, respuestas a tus preguntas y accede a nuestras ediciones críticas generativas para una experiencia de lectura más enriquecedora.
La transparencia y el respeto hacia la autoría de las fuentes utilizadas son distintivos básicos de nuestro proyecto. Por ello, las respuestas ofrecen, mediante un sistema de citas, las fuentes con las que han sido elaboradas.

Apolinario Mabini

Al pueblo y congreso norteamericanos

Barcelona 2024
Linkgua-ediciones.com

Créditos

Título original: Al pueblo y congreso norteamericanos.

© 2024, Red ediciones S.L.

e-mail: info@linkgua.com

Diseño de cubierta: Michel Mallard.

ISBN rústica ilustrada: 978-84-9816-703-0.
ISBN ebook: 978-84-9897-594-9.

Sumario

Brevísima presentación

La vida

Apolinario Mabini (1864-1903). Filipinas.

Llamado el «Sublime paralítico» es uno de los próceres de la revolución filipina, autor de la constitución de la primera república (entre 1898 y 1899). Nació en Talaga, y era hijo de Inocencio Mabini y Dionisia Maranan, ambos de origen humilde.

En 1892 entró en una logia masónica, adoptando el nombre de Katabay y se trasladó a una escuela dirigida por el famoso pedagogo, padre Valerio Malabanan. En 1893 formó parte del grupo que intentó reactivar la Liga Filipina. Continuó sus estudios en el instituto San Juan de Letrán donde recibió sus títulos de Bachiller de Artes y Profesor de Latín y en la Universidad de Santo Tomás, donde recibió su diploma en leyes en 1894.

En 1896, enfermó parece que de poliomielitis, lo que provocó la parálisis de sus piernas. Al inicio de la revolución de ese año, las autoridades españolas lo arrestaron, sospechando que estaba implicado en los disturbios.

En abril de 1898 escribió un análisis sobre el futuro de Filipinas en el caso en que España fuera derrotada en la Guerra hispanoamericana y las Filipinas fueran cedidas a los Estados Unidos. Este análisis llegó a manos de la junta de gobierno en el exilio dirigida por Agoncillo en Hong Kong, y de allí se recomendó que el general Emilio Aguinaldo lo tomara como consejero. Debido a su enfermedad, Mabini debió ser transportado en hamaca desde los Baños, donde estaba de reposo, hasta Kawit. Aguinaldo, tras percatarse de la condición física de Mabini, pensó que no le sería útil, pero en breve se percató de su valor, convirtiéndolo en su asesor más cercano.

La presente antología reflexiona sobre las relaciones entre Filipinas y el naciente imperio americano.

Al pueblo y congreso norteamericanos

Copia de la carta del general Wheeler dirigido al señor Mabini

Manila, Luzón, P. I., December 25th. 1899.
HONORABLE SEÑOR APOLINARIO MABINI, MA-
NILA, P. I.
DEAR SEÑOR:
I enclose a list of questions which you were kind enough to inform me you would be pleased to answer.

I shall be happy to receive your answers as those of a man of weight whose opinions are most worthy of consideration.

It will oblige me to have your answers as all as possible, as your statements will be very valuable.

With very high regard,
Yours very truly.
«JOSEPH WHEELER.»

Contestación del señor Mabini al general

Manila, I. F., 25 de Diciembre de 1899.
GENERAL JOSEPH WHEELER, DEL EJÉRCITO AMERI-
CANO DE ESTAS ISLAS.
PRESENTE.

GENERAL:
Tengo el honor y la satisfacción de remitir a su Excelencia
la contestación a sus preguntas con una ligera exposición al
Congreso de los Estados Unidos, las cuales solo tienen valor
por la sinceridad con que están expresadas. Tenga pues la
bondad de excusarme, si por mi poca habilidad y escaso sa-
ber no he sabido dar una forma más clara a mi pensamiento.

Me he tomado la libertad, general, de hablar con toda
franqueza, convencido de que tanto su Excelencia como sus
dignos compañeros de armas desean y procuran el engran-
decimiento de su pueblo por encima de los intereses y conveniencias de clase o partido, y de que, conocida la verdad, se
evitarían a tiempo equivocaciones lamentables. Además me
lo imponen lo que debo a mí mismo y el deseo de cooperar
al logro de una solución satisfactoria para ambas partes, que
ponga término a esta guerra entre dos pueblos que deben
estar ligados, por eterna amistad, para servir a la causa de la
civilización y de la humanidad.

Soy de su Excelencia, con la mayor consideración y respeto, su más obediente servidor.

Apolinario Mabini.

Preguntas y respuestas

General	¿Es posible que no haya revolución?
Mabini	Es posible.
General	Si es posible ¿cómo?
Mabini	Satisfaciendo las aspiraciones del pueblo.
General	¿Qué causas han producido la revolución?
Mabini	Pueden condensarse en esta sola: la necesidad de un gobierno que asegure a los filipinos la libertad de pensamiento, conciencia y asociación, la inmunidad en su persona, casa y correspondencia, la igualdad en la participación de los cargos y beneficios públicos, el respeto a las leyes y a la propiedad y el desarrollo de la prosperidad del país por los medios que suministran los adelantos modernos.
General	¿Estarán contentos todos los tagalos que esté de presidente Aguinaldo?
Mabini	Los filipinos (no los tagalos solo) estarán contentos de un presidente que ellos elijan del modo que se estipule con el Congreso americano. Hoy reconocen a Aguinaldo, porque este personifica sus aspiraciones;

pero cuando vean en él o mala fe o incapacidad, reconocerán a otro que acredite ser más digno.

General   ¿Todos los pueblos estarán contentos?

Mabini   Ya esté dicho en la anterior pregunta.

General   ¿Posee el señor Aguinaldo bastante fuerza para arreglar las Islas?

Mabini   La posee mientras esté de su parte el pueblo.

General   ¿De donde vendrá dinero para el Gobierno?

Mabini   Para los primeros gastos que requiere la instalación de un Gobierno permanente y estable, se contratará un empréstito exterior en cantidad bastante, en la forma y con las garantías que se convengan previamente con el Congreso de los Estados Unidos. Para las necesidades ordinarias de administración y para la amortización de la deuda pública, se establecerán con la equidad aquellas contribuciones que sean llevaderas para el pueblo.

General   ¿Y las Islas del Sur?

Mabini	Se atienen a la actitud que adopte Luzón.
General	¿Gusta la guerra a la gente de estas Islas?
Mabini	No, tanto que durante los 300 años de la dominación española no se registra otra ninguna, sino la que ha empezado desde el año 1896. Se ha visto precisada a sostener la presente, para defender derechos que cree sagrados y naturales a todo pueblo.
General	¿Quiere la gente un buen gobierno de los Estados Unidos?
Mabini	Cuando se convenza de la imposibilidad de obtener por ahora un Gobierno propio que a su entender es el mejor, aceptará provisionalmente el que le impongan los EE.UU.; pero únicamente para que le sirva de medio para llegar más o menos tarde a la consecución del Gobierno propio porque así lo exige el progreso que es ley de todos los pueblos. Cuando el pueblo americano se oponga a esta ley, no tardará en llegar la época de su decadencia y ruina.
General	¿Quiere mucho la gente el progreso, ferrocarril, etc., etc.?

Mabini	Una de las causas de la revolución es la aspiración a la vida del progreso que la mayor facilidad de comunicación con otros países hoy día ha hecho nacer en el corazón de los filipinos, no obstante los esfuerzos del gobierno español por neutralizar esta influencia.
General	¿La manera de gobernar de España es lo que quiere?
Mabini	La opinión sensata del país detesta la administración española por los vicios inveterados que lleva consigo; así es que, cuando Aguinaldo quiso aconsejarse de algunos que han querido resucitar el sistema español, manifestando poca energía para reprimir los antiguos abusos empezó el retraimiento de los filipinos honrados y se ha visto mucha desanimación en el pueblo.

25 diciembre 1899

Ligeras consideraciones para el congreso norteamericano

El Congreso Norteamericano se encuentra hoy en una situación sumamente delicada y difícil, por cuanto del acierto de sus decisiones pende el porvenir de los pueblos. El problema filipino mantiene la incertidumbre y la oscuridad tanto en el futuro de Filipinas, como también en el de los Estados Unidos de América.

La prolongación de la guerra en Filipinas traería consigo, aparte de los innumerables dispendios en hombres y dinero, el descrédito de los EE.UU. ante las demás naciones. El gobierno de Washington pudo conseguir la cesión de las Filipinas por medio del tratado de París, con el tácito consentimiento de las Potencias, porque estas esperan que el gobierno de los EE.UU. mantendrá mejor la paz y el respeto a las leyes y a la propiedad.

Sobre esta base, el gobierno de Washington desoyó las pretensiones de los filipinos de establecer y asegurar mediante formal convenio un gobierno más adecuado a sus costumbres y necesidades, pretendiendo ahogar sus legítimas aspiraciones por medio de la fuerza, bajo el pretexto de que los naturales, por carecer de capacidad para un Gobierno propio, no podrían garantizar la paz y el orden y los intereses extranjeros.

Ahora bien, ¿puede el pueblo americano asegurar que los filipinos son incapaces para gobernar? Si lo fueran realmente podría el gobierno de Washington establecer la paz e imponer el gobierno que quiera conceder a Filipinas; pero, si son capaces, tenga la completa seguridad de que los filipinos no dejarán de luchar por sus ideales. Y conste que, prolongándose la lucha, los extranjeros clamarán por la poca seguridad de sus intereses y es muy probable que se decidan a intervenir, dando lugar a un conflicto que ocasione la ruina, no solo de Filipinas, sino también de los EE.UU.

Si el problema filipino se solucionare por medio de una transacción con los filipinos, estarían más garantidas la paz, las libertades individuales y la propiedad, y los americanos compartirían con los filipinos la responsabilidad ante la civilización y la historia; pero si el pueblo americano intentare la paz por la fuerza, para establecer un gobierno conforme con sus deseos propios, y no con los del pueblo filipino, para él sería toda la responsabilidad del fracaso.

Gobernar es estudiar las necesidades e interpretar los deseos del pueblo, para remediar aquellas y satisfacer estas. Si los naturales que conocen las necesidades, costumbres y aspiraciones del pueblo son incapaces para gobernar, ¿los americanos, que han tenido muy poco contacto con los filipinos, serán más capaces para gobernar Filipinas?

Medite bien el Congreso: es necesario un buen Gobierno en Filipinas, no por el bien de los filipinos, sino porque lo demandan el buen honor y prestigio del pueblo americano.

Ahora ¿Cuál será este buen gobierno? No me atrevo a fijarlo, porque no represento el Gobierno revolucionario y he prometido no comunicarme con los jefes y prohombres filipinos.

La Comisión americana que ha venido hace poco a Filipinas no conoce al país ni puede conocerlo en tan corto tiempo. Cuando los españoles no han conocido a los filipinos durante 300 años, temo que la Comisión americana no haya aprendido mucho en 300 días de estancia en Filipinas.

Han estado únicamente en los pueblos ocupados por las fuerzas americanas hablando con los hombres que no fijan otra norma para sus actos, sino la conveniencia personal, encerrando la patria dentro del estrecho círculo de sus relaciones e intereses; los cuales por su conducta carecen de influencia en el país. Si han hablado con algunos filipinos honrados, estos no se han expansionado por miedo de que los americanos les perjudiquen, como era frecuente en tiempo de la dominación española.

Al consignar estos apuntes, he hecho caso omiso de mis conveniencias personales; pues estoy si fuera necesario para acreditar mi convencimiento y mi fe; dispuesto a todo género de sacrificios, además creo corresponder mejor al buen trato que he recibido y sigo recibiendo de las autoridades americanas, manifestándoles la verdad desnuda sin contemplaciones de ninguna especie, para evitar equivocaciones irreparables.

25 diciembre 1899. Apolinario MABINI.

El mensaje del presidente Mc-Kinley

No podemos resistir al deseo de escribir dos palabras acerca del mensaje anual leído en ambas Cámaras del Congreso el día 5 diciembre último, en la parte que a Filipinas concierne. Estamos convencidos de que todo esfuerzo que tienda a interpretar sinceramente los sentimientos del pueblo filipino, para la más acertada solución del problema, constituye un servicio no solo a Filipinas sino también a los Estados Unidos de América.

Pero no olvidaremos nuestra situación especial: no abusaremos de una libertad debida a la generosidad de nuestros enemigos políticos. Hablaremos, no como un mal llamado insurrecto, sino como un americanista que no ha dejado de ser filipino; hablaremos como un hombre racional que atiende, no solo a las conveniencias del cuerpo, sino también a las del espíritu; nos haremos eco fiel de la opinión publica menos dispuesta a la guerra, sin predicar los ideales que hemos sostenido y seguimos sosteniendo a impulsos de nuestras propias convicciones.

Así no discutiremos la bondad y justicia del tratado de París; no demostraremos tampoco que la compra-venta de Colonias, practicada por las naciones civilizadas como un acto lícito, es, como continuación al por mayor del antiguo tráfico de esclavos, contraria al derecho natural, único fundamento y razón suficiente de la justicia de todas las leyes humanas. Solo haremos notar que el tratado de París lejos de aportar a América, como algunos esperan tal vez, un inmenso mercado para sus productos y vasto campo de explotación para sus Capitales, lo que ha hecho es enlazar fuertemente con el vínculo de la solidaridad los sonrientes destinos de América con el porvenir precario e incierto de Filipinas. De hoy más los americanos tendrán no poca parte en las alegrías, tristezas, miserias y desdichas de los filipinos. ¿Sabrán los americanos apreciar con criterio desapasionado esta mancomunidad de suerte y sobrellevar la pesada carga que les toca, con el espíritu digno de su raza y de sus tradiciones, parodiando al presidente McKinley?

El presidente hace mención de un manifiesto que mandó publicar a la conclusión del Tratado de París anunciando a los filipinos que «los americanos no habían venido en son de invasores y conquistadores, sino como amigos para proteger a los naturales en sus casas, ocupaciones y derechos personales y religiosos». Acerca de este particular encontramos necesaria una explicación. ¿Se ha preguntado alguna vez al gobierno de los EE.UU. si existían, no ya el sagrado del domicilio filipino ni la libertad para el trabajo, sino cualquiera de los derechos personales y religiosos? Debemos advertir que nuestra casa, honor, hacienda y libertades o derechos personales estaban, en tiempo de la dominación española, a merced de las facultades discrecionales y omnímodas del Gobernador general español en Filipinas; y por consiguiente no existían, como tampoco existen ahora. ¿Han venido para establecerles? Entonces debieran declararlos y regularlos previamente. ¿Se trata de los derechos que todo hombre tiene por naturaleza con anterioridad a toda ley humana? Miren lo que han hecho y continúan haciendo con los filipinos, compárenlo con los principios proclamados en la declaración de la Independencia de los EE.UU. y si no se dejan llevar de la pasión, comprenderán que ellos mismos han provocado la desconfianza en el ánimo de los filipinos. Por otra parte, decir que los americanos no han venido como conquistadores, es confesar paladinamente que el Tratado de París y la soberanía americana en Filipinas, a menos que sean reconocidos espontáneamente por los filipinos, solo descansan en la RAZÓN DE LA FUERZA que las Potencias suelen bautizar con el nombre raro de DERECHO DE CONQUISTA.

Pasa luego el Mensaje a decir que siniestras ambiciones de unos pocos jefes filipinos crearon, a la llegada de la Comisión americana en estas playas, una situación llena de embarazos para los americanos y de fatales consecuencias para los filipinos; cuando el más caracterizado de esos jefes, al principio de su vuelta de Hong Kong, solo aspiraba a la liberación de las Islas de la dominación española. Nada diremos del primer extremo, porque de reputarlo, decir podrían que escribimos en pro de los revolucionarios; solo indicaremos de paso que el informe de la Comisión deja mucho que desear en punto a imparcialidad, porque ha estado constantemente sometida al influjo de la excitación producida por la ruptura de hostilidades. Admitiendo como cierto el segundo extremo, preguntaremos: el pueblo filipino, al cansarse del yugo español ¿no podía tener otro objeto sino el de someterse a otro yugo, o aspiraba al mejoramiento de su condición? Aun suponiendo al pueblo filipino en estado de barbarie destituido de toda cultura, no podríamos negarle la inclinación natural a una vida mejor, que encontramos hasta en los irracionales. Por otra parte es de suponer que el pueblo americano desea de veras el mejoramiento de los filipinos y no pretenderá imponerles un yugo tan duro como el anterior, limitándose a acallar sus aspiraciones con promesas melifluas, porque es de suponer también que no querrá renunciar al derecho de levantar su frente ante la civilización y la historia, ni renegar de su pasado y tradiciones, ni desmentir abiertamente las razones de humanidad alegadas ante el mundo, para justificar su guerra contra España y el deseo de quedarse a toda costa con las Islas Filipinas.

Como hablamos, no para hacer propaganda de nuestros ideales, sino para informar al pueblo americano de los verdaderos deseos del pueblo filipino, prestando un servicio a la causa de la paz, vamos a relatar brevemente los antecedentes de la revolución Filipina, pues por ellos comprenderemos los medios de mejoramiento que pueden ofrecerse a los filipinos. La muerte de tres sacerdotes filipinos Burgos, Gómez y Zamora produjo un cambio en los sentimientos del pueblo. El padre José Burgos era muy popular, porque defendía los derechos del clero filipino; de aquí el que su muerte haya sido sentida hondamente y haya provocado una protesta general de indignación. Es verdad que esta protesta no salía del seno del hogar y de la confianza, porque las autoridades españolas tenían reservadas para esta clase de resabios cruelísimas penas; pero, por lo mismo que no podía desahogarse, creció más y más.

Más tarde algunos jóvenes filipinos fueron a España, no solo para adquirir mayores conocimientos, sino para exponer al pueblo español las verdaderas necesidades del pueblo filipino, que las autoridades españolas aconsejadas por las Corporaciones religiosas procuraban ocultar y reprimir, en vez de atender. Al efecto fundaron un periódico sostenido por el pueblo y pidieron la regulación de las facultades del gobernador general; la representación filipina en el cuerpo legislativo español; la libertad de imprenta, de cultos y de asociación; la prohibición de expedientes gobernativos en que se condenaba a uno sin ser oído, o se violaban el domicilio y la correspondencia por simples denuncias reservadas a las autoridades gobernativas; la secularización de las Parroquias, la equiparación de los filipinos a los españoles en todos los derechos políticos y civiles y en la participación en los empleos públicos, ya que aquellos solos casi soportaban las cargas públicas; muchos auxilios y pocas trabas a la agricultura, industria y comercio: en una palabra, la promulgación en Filipinas de la constitución española y la asimilación completa de las mismas a cualquiera provincia de la Península española.

Los españoles desatendieron estas peticiones, bajo pretexto de que eran obra de unos cuantos ilusos, alegando que el pueblo estaba todavía en estado salvaje, como ahora desatienden los americanos las demandas de los revolucionarios, con el pretexto de que la revolución es obra únicamente de unos cuantos tagalos ambiciosos. ¿Cómo ha respondido el pueblo al insulto de los españoles? Con el movimiento del año 1896, iniciado y llevado a cabo por la clase menos instruida y más numerosa del pueblo.

Los españoles trataron de cortar este movimiento, matando a Rizal y cuantos filipinos hubiesen demostrado grande amor al país y encarcelando, torturando y deportando a casi todos los ilustrados de las provincias. Y remataron su obra, engañando a los jefes revolucionarios, mediante promesas de libertad, consignadas en un documento privado sin valor de ninguna especie, pues no estaban dispuestos a cumplirlas.

Con la expatriación de los jefes revolucionarios, creyeron los españoles terminada la revolución, cuando ésta se estaba reorganizando de una manera más formal en el seno del pueblo, pues los hombres más instruidos e influyentes empezaban a tomar parte en ella, para darle ideales definidos. Estalla a poco la guerra hispanoamericana; Aguinaldo vuelve de Hong Kong, y se manifiesta la verdadera revolución filipina sostenida por todas las clases de la sociedad y todas las provincias y pueblos que reconocen por jefe a Aguinaldo, no tanto por los servicios al país en el anterior movimiento, como para evitar rivalidades perjudiciales y perniciosas.

Con tales antecedentes, creemos haber demostrado bastante que la revolución no es obra de unos cuantos ilusos o ambiciosos, sino del pueblo; que el pueblo no obra inconcientemente, arrastrado por esos pocos, sino obra con conciencia de lo que hace a impulsos de aspiraciones bien definidas. La desanimación y el descontento que acaba de demostrar con motivo de los abusos cometidos por algunos jefes revolucionarios corroboran de modo concluyente nuestro aserto.

Ahora es más fácil contestar a esta pregunta: ¿Cómo podríamos obtener la paz? Todos contestarán con nosotros que el medio más eficaz y seguro es que el Congreso americano dé a los filipinos lo que no pudieron obtener de los españoles. ¿Cuál es la forma de Gobierno compatible con las aspiraciones del pueblo? Conocemos tres: anexión de Filipinas como Estado, autonomía igual a la del Canadá o Australia e independencia con protectorado. Con un Gobierno semejante al de la India que aconseja el profesor Schurman nada ganará el pueblo y creemos que con semejante oferta la paz solo podrá imponerse por la fuerza. La paz impuesta por la fuerza no dura ni garantiza el cumplimiento del compromiso contraído por los americanos de asegurar la propiedad e intereses extranjeros en Filipinas.

Se dirá que el gabinete Paterno, al subir al poder, propuso como programa de Gobierno la autonomía igual a la del Canadá, y que la inmensa mayoría del pueblo revolucionario no lo aceptó. Por cierto que no somos tampoco partidarios de la autonomía, y no tenemos inconveniente en repetir lo que varias veces hemos dicho fuera de aquí: que solo aceptaremos la autonomía, cuando nos convenzamos de que el pueblo no está dispuesto a sacrificarse por otra mejor. Pero debemos tener en cuenta que la autonomía propuesta por el gabinete Paterno era una infracción manifiesta de la constitución que ellos mismos, como miembros del Congreso, habían votado y pedido con insistencia que se promulgara, amenazando provocar un escándalo en caso de oposición por parte del gabinete que estaba entonces en el poder. No obstante ¿quién sabe si el señor Paterno hubiese prosperado en sus planes y conseguido la derogación de la constitución, si hubiera podido presentar una oferta formal de autonomía por parte de los americanos? Es verdad que ni la Comisión ni los generales americanos podrían ofrecer más de lo que ofrece el presidente McKinley, que en su mensaje dice de Filipinas poco más o menos lo siguiente: si conseguimos aniquilar la insurrección dentro de poco, hacemos de los filipinos lo que nos convenga; no lo conseguimos, entonces ya entraremos en transacciones, aprovechando todas las ventajas posibles. Por nuestra parte, nos limitaremos a recomendarle con el mayor respeto que no olvide estas palabras: LA SANGRE NO AHOGA, SINO AL CONTRARIO ABONA LAS ASPIRACIONES JUSTAS DE UN PUEBLO.

Se dirá que no es posible la anexión como Estado, por que los filipinos tienen distintas costumbres y otra manera de ser y que Filipinas no está comprendida dentro de la doctrina de Monroe; tampoco la autonomía, pues, según el Profesor Schurman, Inglaterra las dio al Canadá y Australia, porque sus pobladores son capaces como pertenecientes a la misma raza de los ingleses: de aquí su preferencia a un gobierno similar al de la India, por cuanto no pertenecemos a la misma raza de los americanos. Nosotros más conocedores de la capacidad y modo de pensar de los filipinos no seguiremos al doctor Schurman en un camino que a nuestro juicio no conducirá a ninguna parte: aconsejaríamos al Congreso la adopción de cualquiera de las tres fórmulas mencionadas, decretando cuanto antes la que ofrezca mayores probabilidades de ser aceptada por la generalidad de los filipinos, aunque no debiera ejecutarse, sino cuando venga la paz; de otro modo no encontramos medio alguno decisivo de asegurarla para lo futuro.

Examinaremos las razones que mueven al presidente MacKinley a recomendar al Congreso que no tome en consideración la fórmula de Independencia con protectorado. He aquí dichas razones:

1.ª «La mayoría pacífica y leal, que no desea otra cosa sino la aceptación de la autoridad americana, quedará por la independencia a merced de los insurrectos armados.» La mayoría pacífica y leal Filipina, como la de todos los pueblos de la tierra, no desea otra cosa sino la tranquilidad, para lo cual adoptan el sistema de mostrar buena cara con todos, sin perjuicio de guardar allá en el fondo de su corazón el preciado tesoro de sus ilusiones. Dicha mayoría, en los pueblos ocupados por las fuerzas americanas, no están a merced de los insurrectos armados, pero si a merced de los ladrones armados. Estos se guardaban antes de dejarse ver en los poblados, porque temían a aquellos. ¿Qué insurrectos y ladrones son una cosa? Así lo creen los americanos, porque no conocen al pueblo filipino y por que les conviene.

2.ª «La Independencia quitaría a los americanos la facultad de reprimir a los jefes insurrectos, pero no la responsabilidad por los actos de estos.» Los insurrectos son tales, porque desean y luchan por la Independencia: obtenida esta, dejarán de serlo.

3.ª «La Independencia impondría a los americanos la tarea de proteger a los filipinos contra cualquier atentado y contra las riñas con otro poder extranjero, a que están muy propensos.» Con Independencia o sin ella tendrán esa tarea que se han impuesto voluntariamente por el tratado de París.

Además ¿no han anunciado que su venida tenía por objeto proteger a los filipinos? Estos, no ya por temperamento sino por conveniencia se guardarán muy bien de reñirse con los extranjeros que no atenten contra sus libertades e intereses.

4.ª «La Independencia despojaría al Congreso de las facultades de declarar la guerra, invistiendo de tan delicada prerrogativa al jefe Tagalo.» No se da la Independencia, sin previa determinación de la forma de Gobierno. Como suponemos que americanos y los filipinos preferirán la republicana, el Congreso filipino, y no el jefe Tagalo, sería en todo caso quien tenga la facultad de declarar la guerra. Si se quiere más, podría determinarse todavía que la declaración de guerra hecha por el Congreso filipino sea aprobada por el americano.

No faltarán algunos que con autoridad más o menos auténtica digan, como el presidente McKinley en su Mensaje: venga primero la paz, y después atenderemos a lo que ustedes desean. Esto nos recuerda al ex-presidente mister Cleveland que en uno de sus Mensajes anuales, después de manifestar que los cubanos no querían deponer las armas hasta que España garantizase sus promesas, y que su Gobierno se había ofrecido al español a salir garante ante los cubanos, si se obligaba a cumplirlas, sin haber recibido respuesta alguna, dijo: que los cubanos tenían razón, porque el Gobierno español con su actitud había demostrado precisamente lo que aquellos temían. Es verdad que el presidente ha prometido casi nada; pero, por si hiciere alguna promesa más importante en lo sucesivo y los insurrectos no creyeren tan pronto en ella, conviene no perder de vista las palabras de mister Cleveland, para encontrar la explicación de su actitud.

No hemos de terminar, sin reconocer la habilidad con que formulan sus argumentos tanto el Profesor Schurman como el presidente McKinley, aunque a decir verdad un examen detenido descubre los sofismas que guardan en su fondo. Los filipinos acostumbran a contestar a esta clase de argumentos con una sonrisa muy enigmática; por lo cual nos permitiremos recomendar a los vecinos de los pueblos ocupados por las fuerzas americanas que, en cuanto se presenten ocasiones favorables, pidan a los comandantes de las mismas autorización para reunirse pacíficamente y exponer en forma comedida y cortés sus deseos y aspiraciones al par que sus aptitudes. No dudamos que los americanos que han nacido y crecido al amparo de las instituciones y prácticas democráticas permitirán semejantes reuniones, como medio el más auténtico de información, para llegar al convencimiento de las necesidades y costumbres de los pueblos. Si continúan callándose como hasta aquí, no son difíciles los errores transcendentales, y las equivocaciones en política no suelen corregirse sin sangre. así cooperamos todos a despejar las incógnitas que anublan el porvenir de dos pueblos que unidos pueden hacer mucho en pro de la humanidad y de la paz universal.

Apolinario MABINI

15 enero 1900.

Carta del mismo a los representantes en Manila de los principales periódicos de América

Manila, 22 enero 1900.

Señores Wm. Dinwiddie, John F. Bass, y John F. MacCutcheon, Corresponsales de «Harper's Weekly», «New York Herald», «San Francisco Call» y «Chicago Record».

Distinguidos señores:

Convencido de que ustedes tratan las cuestiones Filipinas con criterio imparcial, para que la opinión publica de los EE.UU. no se extravíe y sea digna de un pueblo grande, libre y culto, me tomo la libertad de rogarles que se hagan eco de los siguientes puntos:

1.º El pueblo filipino no alimenta ningún odio sistemático contra los extranjeros; sino por el contrario acoge con agrado y gratitud a cuantos acrediten el deseo de cooperar en sus libertades y prosperidades.

2.º Los filipinos sostienen la lucha contra las fuerzas americanas, no por odio, sino para demostrar al pueblo americano que, lejos de mirar con indiferencia su situación política, saben por el contrario sacrificarse por una administración que les asegure las libertades individuales y gobierne según los deseos y necesidades del pueblo. No han podido evitar dicha lucha, porque no han podido obtener del gobierno de los EE.UU. ninguna promesa clara y formal para el establecimiento de dicha clase de administración.

3.º El presente estado de guerra no permite al pueblo la manifestación sincera de sus aspiraciones; por lo cual los filipinos desean ardientemente que el Congreso Norteamericano vea algún medio de oírles, antes de adoptar una resolución que decida en definitiva de su porvenir.

4.º Para este fin los filipinos piden al Congreso que, o nombre una Comisión americana que se ponga en contacto con los filipinos que tienen influencia tanto en la población pacífica como en la gente levantada en armas, o admita una Comisión de esta clase de filipinos, para que le informe de los deseos y necesidades del pueblo.

5.º Para que la información sea completa y los trabajos de la Comisión en una u otra forma den por resultado el advenimiento de la paz se requiere que las fuerzas americanas de ocupación no coarten la libre manifestación de la opinión pública en la prensa y reuniones pacíficas; suspendan temporalmente el ataque a los puestos filipinos, siempre que estos se obliguen a no intentarlo contra los americanos; y den a los comisionados las mayores facilidades para comunicarse con los revolucionarios.

6.º El filipino más irreflexivo, visto el triunfo de las armas americanas, no podrá menos de convenir en que toda concesión en favor de Filipinas en estos momentos procede exclusivamente de la liberalidad del pueblo Norteamericano; lo cual es una razón más ... para que el Congreso se muestre benévolo e indulgente.

Espero confiadamente que, cuando el pueblo americano y el filipino se conozcan mejor, no solo cesará el presente conflicto, sino se evitarán además otros futuros. La opinión sensata de los EE.UU. parece más inclinada a no separarse de sus tradiciones y del espíritu de justicia y humanidad, que constituyen por ahora la única esperanza de los filipinos honrados.

Agradeciéndoles anticipadamente tan señalado favor, soy de ustedes con la mayor consideración,

Su más obediente servidor, Apolinario MABINI.

1900

Libros a la carta

A la carta es un servicio especializado para
empresas,
librerías,
bibliotecas,
editoriales
y centros de enseñanza;
y permite confeccionar libros que, por su formato y concepción, sirven a los propósitos más específicos de estas instituciones.

Las empresas nos encargan ediciones personalizadas para marketing editorial o para regalos institucionales. Y los interesados solicitan, a título personal, ediciones antiguas, o no disponibles en el mercado; y las acompañan con notas y comentarios críticos.

Las ediciones tienen como apoyo un libro de estilo con todo tipo de referencias sobre los criterios de tratamiento tipográfico aplicados a nuestros libros que puede ser consultado en Linkgua-ediciones.com.

Linkgua edita por encargo diferentes versiones de una misma obra con distintos tratamientos ortotipográficos (actualizaciones de carácter divulgativo de un clásico, o versiones estrictamente fieles a la edición original de referencia).

Este servicio de ediciones a la carta le permitirá, si usted se dedica a la enseñanza, tener una forma de hacer pública su interpretación de un texto y, sobre una versión digitalizada «base», usted podrá introducir interpretaciones del texto fuente. Es un tópico que los profesores denuncien en clase los desmanes de una edición, o vayan comentando errores de interpretación de un texto y esta es una solución útil a esa necesidad del mundo académico.

Asimismo publicamos de manera sistemática, en un mismo catálogo, tesis doctorales y actas de congresos académicos, que son distribuidas a través de nuestra Web.

El servicio de «libros a la carta» funciona de dos formas.

1. Tenemos un fondo de libros digitalizados que usted puede personalizar en tiradas de al menos cinco ejemplares. Estas personalizaciones pueden ser de todo tipo: añadir notas de clase para uso de un grupo de estudiantes, introducir logos corporativos para uso con fines de marketing empresarial, etc. etc.

2. Buscamos libros descatalogados de otras editoriales y los reeditamos en tiradas cortas a petición de un cliente.

www.ingramcontent.com/pod-product-compliance
Lightning Source LLC
Chambersburg PA
CBHW021941170626
46807CB00007B/3216